**BOEKANALYSE**

# Ulysses

· · · · · · · · · · · · · ·

JAMES JOYCE

# BOEKANALYSE

Geschreven door Éléonore Quinaux
Vertaald door Nikki Claes

# Ulysses

## JAMES JOYCE

# JAMES JOYCE

## IERSE DICHTER EN ROMANSCHRIJVER

- **Geboren in Dublin (Ierland) in 1882**
- **Overleden in Zürich (Zwitserland) in 1941**
- **Opmerkelijke werken:**
  - *Kamermuziek* (1907), gedichtenbundel
  - *Een portret van de kunstenaar als jongeman* (1916), roman
  - *Finnegans Wake* (1939), roman

James Joyce kwam uit een groot gezin en kreeg een jezuïetenopleiding voordat hij op 16-jarige leeftijd het katholicisme afwees. Later ontwikkelde hij een denkwijze die lijkt op die van Thomas van Aquino (Italiaans priester, 1225-1274). Hij bracht het grootste deel van zijn leven in ballingschap door zich te distantiëren van Ierland, waarvan hij de immobiliteit en de religieuze verdeeldheid verafschuwde en waarmee hij zich nooit kunnen identificeren.

Aanvankelijk zwervend tussen Parijs en Dublin, was het in Zwitserland – waar hij les gaf aan de Berlitz School – in Italië waar Joyce zijn toevlucht vond bij Nora Barnacle (1884-1951), zijn partner. Vanaf 1906 werd hij getroffen door een oogaandoening waardoor hij geleidelijk blind werd.

Hoewel hij door vele grote figuren van de internationale literatuur werd bewonderd, kon Joyce alleen rondkomen van de giften van zijn zeldzame bewonderaars. In de jaren twintig bezocht hij Marcel Proust (Franse schrijver, 1871-1922) in Parijs en raakte hij bevriend met Samuel Beckett (Ierse schrijver, 1906-1989). In de wetenschap dat hij het einde van zijn leven naderde, keerde hij in 1940 terug naar Zürich, waar hij enige tijd later overleed. Hij was een echte literaire rariteit, miskend en weinig gelezen in zijn tijd.

# ULYSSES

## EEN NEDERIG EPOS

- **Genre:** multi-genre roman

- **Referentie-uitgave:** Joyce, J. (2000) *Ulysses*. Londen: Penguin.

- **Eerste uitgave:** 1922

- **Thema's:** Dublin, maatschappij, romantische relaties, seksualiteit, zwerven, identiteit, mythen.

*Ulysses* verscheen als serie in het Amerikaanse tijdschrift *The Little Review* tussen 1918 en 1920, daarna als boek in 1922.De titel wijst de auteur meteen op het verband tussen deze roman en de *Odyssee*, het beroemde epos van de Griekse dichter Homerus (8th eeuw voor Christus). Het verhaal speelt zich af op een dag in Dublin en draait om twee personages: Stephen Dedalus, het alter ego van de auteur, die een nieuwe Telemachus belichaamt; en Leopold Bloom, een reclameagent, de nieuwe Odysseus wiens zoektocht erin bestaat de liefde van zijn ontrouwe vrouw Molly terug te winnen.

Het verhaal, dat door de tijdgenoten van Joyce als obsceen werd beschouwd, was in de Verenigde Staten tot 1931 verboden, hoewel Hemingway (Amerikaanse schrijver, 1899-1961) verschillende delen in omloop bracht. [th]Door het rijke verhaal wordt het nu beschouwd als een belangrijk werk uit de 20e eeuw.

# SAMENVATTING

In *Ulysses vinden* de gebeurtenissen plaats van 8 uur 's morgens tot ongeveer 3 uur de volgende dag. Hoewel deze samenvatting de door het verhaal aangegeven temporaliteit behoudt, worden de belangrijkste handelingen van Leopold Bloom en Stephen Dedalus, die in delen van de roman worden verteld, met elkaar vergeleken. De onverwachte ontwikkelingen van het verhaal en de driedelige structuur ervan – "De Telemachiad", "De Odyssee" en "De Nostos" – herinneren rechtstreeks aan de *Odyssee* van Homerus en aan de personages van Telemachus en Odysseus. Om de hier aanwezige symbolische betekenis te begrijpen, vindt de lezer bij elke hoofdpersoon die het alter ego van een hoofdpersoon uit het Griekse werk vertegenwoordigt, zijn naam tussen haakjes.

 ## GOED OM TE WETEN.

De *Odyssee*, geschreven na de *Ilias*, is een oud epos dat wordt toegeschreven aan de Griekse dichter Homerus en dat dateert uit de 8th eeuw voor Christus. De hoofdpersoon is Odysseus (Odysseus in het Latijn), koning van Ithaka. Nadat hij in de Trojaanse oorlog heeft gevochten, wil hij naar huis terugkeren om zich bij zijn vrouw Penelope en zijn zoon Telemachus te voegen.

Zijn reis terug naar die landen zal echter tien jaar duren, een reis waarbij hij van eiland naar eiland wordt omgeleid en mythologische figuren ontmoet die ook nu nog bekend zijn. Terwijl hij rondzwerft, doet Telemachus er alles aan om zijn vader te vinden en de menigte vrijers te dwarsbomen die met zijn moeder willen trouwen om de troon te stelen. Daartoe wint hij advies in bij Nestor – een van de weinige metgezellen van Odysseus die zonder problemen naar huis is teruggekeerd – en bij Menelaos, de koning van Sparta.

Odysseus doet er zoveel jaren over om thuis te komen omdat hij onderworpen is aan de wraak van de god Poseidon nadat hij zijn zoon Polyphemus heeft verwond. Hij wordt met name zeven jaar lang uit liefde gevangen gehouden door de zeenimf Calypso. Wanneer zij het bevel van de goden krijgt om Odysseus vrij te laten, gehoorzaamt ze. Poseidon veroorzaakt vervolgens een storm waardoor de held aanspoelt op de kust van Scheria. Daar ontmoet hij Nausicaa, dochter van koning Alcinous. Odysseus vertelt haar over zijn stormloop: de hulp die hij tevergeefs van Aeolus had gekregen, zijn ontmoeting met de tovenares Circe die zijn metgezellen in varkens veranderde, het kwade lied van de Sirenen en Calypso.

De Phaeaciërs zijn ontroerd en stemmen ermee in Odysseus te helpen door hem terug te brengen naar Ithaka. Als hij hoort van het gekonkel van Penelope's vrijers, moet Odysseus een strategie vinden: hij vermomt zich met hulp van Athena als bedelaar en zoekt hulp bij zijn trouwe varkenshoeder Eumaeus. Tijdens een laatste test die zal beslissen wie Penelope's nieuwe echtgenoot wordt, slaagt Odysseus erin zijn legendarische boog te spannen en doodt hij Antinous, de leider van de vrijers. Zo onthult hij zijn ware identiteit.

# EEN ONTLUIKENDE ZOEKTOCHT

In de baai van Dublin wonen Stephen Dedalus (Telemachus) en Buck Mulligan (Antinous) in de Martello-toren van Sandycove. Hun ochtendgesprekken draaien om twee zaken:

- Buck, hoewel een vrijdenker, verwijt Stephen dat hij niet naar het bed van zijn stervende moeder gaat om te bidden;

- Stephen klaagt over Haines (Eurymachus), een Engelsman die in de aangrenzende kamer woont en de hele nacht schreeuwt.

Na het ontbijt, gemarkeerd door een melkboer die langskomt, geeft elk van hen zijn activiteiten aan: Buck wil gaan zwemmen in de zee, Stephen moet naar de school waar hij les geeft, terwijl Haines ervoor kiest om naar de nationale bibliotheek te gaan.

Op dat moment besluit Leopold Bloom (Odysseus/Ulysses) ontbijt te maken voor zichzelf en zijn vrouw Molly (Penelope), maar omdat hij plotseling zin krijgt in nieren, gaat hij naar de slager om er een paar te kopen. Als hij terugkomt, vindt hij twee brieven in de brievenbus, een van zijn dochter en de andere van een man waarvan hij weet dat het de minnaar van zijn vrouw is, Blazes Boylan. Zijn vrouw is inderdaad voortdurend afwezig en is hem ontrouw. Bloom is vaak eenzaam en wordt voortdurend geplaagd door seksuele verlangens die onbevredigd blijven. Nadat hij met zijn vrouw de betekenis van 'metempsychose' (reïncarnatie van de ziel na de dood) heeft besproken, maakt hij een wandeling door Dublin, om naar de begrafenis van zijn buurman te gaan.

# DUBLIN HET LABYRINT

Wanneer Stephen klaar is met zijn geschiedenisles, roept het schoolhoofd, de heer Deasy (Nestor), een oude antisemiet, hem in zijn kantoor zodat hij hem kan betalen. Deasy weet dat de jonge leraar ook schrijver is en dus in contact staat met redacteuren en maakt daar gebruik van door te eisen dat zijn artikel over mond- en klauwzeer wordt gepubliceerd.

Op hetzelfde tijdstip (10 uur) gaat Bloom naar het postkantoor om een brief op te halen van Martha, met wie hij een romantische band heeft, hoewel hij haar nooit heeft ontmoet en zij hem alleen onder het pseudoniem "Henry Flower". Het bericht dat hij ontvangt windt hem op en hij vervolgt zijn reis met een hoofd vol wellustige gedachten. Hij vangt het einde van een mis op, waardoor hij zoals gewoonlijk in slaap valt, en gaat vervolgens naar de apotheek, waar zich een misverstand voordoet: Bloom ontmoet Bantam Lyons die zijn krant wil lenen om de weddenschappen op de paardenrennen te lezen. De twee mannen begrijpen elkaar verkeerd: Bloom heeft het over het weggooien van zijn krant, terwijl Lyons denkt dat hij een tip krijgt voor het wedden (een van de paarden heet Throwaway). Alvorens naar de begrafenis te gaan, gaat Leopold naar enkele openbare toiletten en masturbeert, om alle seksuele spanning die hij tijdens zijn reis heeft doorstaan te verlichten.

Om 11 uur, op het strand van Sandymount, is Stephen depressief en denkt hij aan zijn opeenvolgende mislukkingen: het opgeven van zijn studie medicijnen in Parijs, falen als schrijver en gedwongen worden om leraar te worden. Hij voelt zich down over zijn geluk, omdat hij denkt dat intellectuele vrijheid hand in hand gaat met eenzaamheid. Voor Bloom is het nu tijd om naar het kerkhof van Glasnevin te gaan. De groep die zich daar verzamelt herinnert hem aan zijn verdriet: de dood van zijn zoon Rudy en de zelfmoord van zijn vader. Onder de aanwezigen is een vreemdeling die een waterdichte macintosh draagt, wat hem diep intrigeert.

Op de middag kruisen de paden van de twee hoofdrolspelers elkaar: Ze gaan naar de drukkerij van een plaatselijke krant, de *Freeman's Journal*. Bloom wil een advertentie voor een van zijn klanten vernieuwen. De directeur, Myles Crawford (Aeolus), neemt hem in ontvangst. Stephen is gekomen om het artikel van meneer Deasy te publiceren. Hoewel ze even samen in dezelfde kamer zijn, praten de twee mannen niet direct met elkaar.

Bloom heeft hierna honger, en nadat hij verschillende bekenden tegen het lijf is gelopen, besluit hij naar Burton te gaan om te eten. Maar eenmaal daar stoten de overbevolking, de stank en de monden vol eten hem af. Hij verandert van gedachten en gaat naar Davy Burne's. Maar de vorm van de bar doet hem denken aan een vrouwenlichaam en plots begint hij zich af te vragen of standbeelden anussen hebben. Om het antwoord te vinden gaat hij naar de nationale bibliotheek waar Stephen een conferentie geeft over William Shakespeare (Engelse schrijver, 1564-1616) en de vaderfiguur in *Hamlet* (1601).

Iedereen verlaat de bibliotheek. Nadat hij veel van de in 19 schetsen beschreven personages heeft ontmoet (waaruit blijkt dat de gebeurtenissen uit het dagelijks leven geen echte invloed hebben op de plot), luncht Bloom rond 16.00

uur in het Ormond hotel met de oom van Stephen Dedalus, Richie Goulding (Menelaus). De serveersters (de Sirenen) lachen hem uit en flirten liever met Boylan, die kort daarna vertrekt om Molly te ontmoeten. Terwijl sommige mensen, zoals Simon Dedalus, de vader van Stephen, rond de piano zitten en zingen, schrijft Bloom een brief aan Martha.

## MIST, HALLUCINATIES EN WEDERGEBOORTE

Om 17.00 uur zou Leopold Bloom een vriend, Martin Cunningham, ontmoeten in Barney Kiernan's taverne. Wanneer hij de kroeg binnenkomt, zijn verschillende mensen in discussie, waaronder 'The Citizen' (Polyphemus). Bloom wordt vervolgens uitgenodigd aan tafel bij deze man, wiens persoonlijkheid radicaal verschilt van de zijne. Hij is een agressieve nationalist, terwijl de hoofdpersoon zelf zachtheid en tolerantie belichaamt. Als hij lucht krijgt van het advies dat hij Lyons heeft gegeven om te wedden, denken alle aanwezigen dat Leopold een grote som geld heeft gewonnen met paardenrennen. Hij koopt zijn rondje echter niet, wat hun haat aanwakkert. Bloom merkt hun woede op en besluit samen met Cunningham de zaak te verlaten, waarbij hem antisemitische beledigingen worden nageroepen.

Op het strand droomt Gerty MacDowell (Nausicaa) – het nichtje van de burger – over hoe haar leven had kunnen zijn. Plotseling realiseert ze zich dat ze wordt gadegeslagen door een oude man in donkere kleding; het is in feite Leopold. Wanneer een vuurwerk wordt afgestoken, waardoor iedereen op het strand wordt afgeleid, doet het jonge meisje haar rok omhoog zodat Bloom kan genieten van wat eronder zit.

Hij is opgewonden en masturbeert voor haar neus. Denkend aan vrouwelijk verlangen, en vervolgens aan menstruatie, besluit hij naar de kraamkliniek te gaan om mevrouw Purefoy te bezoeken, die binnenkort gaat bevallen. Er is een hele menigte aanwezig – waaronder Stephen – die feest viert terwijl de aanstaande moeder huilt.

Om middernacht, in Mabbot Street, dwaalt Bloom – die Stephen en zijn vriend Lynch, die beiden dronken zijn, heeft gevolgd – de rosse buurt in. Plotseling krijgt hij hallucinaties die hem herinneren aan al zijn fouten, zijn ongepaste verlangens of zijn schuldgevoel ten opzichte van zijn geliefden. Als hij in de buurt van het bordeel van Bella Cohen (Circe) komt, hoort hij Stephen piano spelen. Het deuntje haalt Bloom uit zijn slaperigheid en hij gaat naar binnen om zich bij de twee vrienden te voegen. Maar zijn hallucinaties beginnen nadat hij is voorgesteld door de prostituee Zoe Higgins: hij stelt zich voor als een koning-voorzitter, vervolgens als een keizer-president die het hele land zou hervormen en als een Messias zou worden beschouwd. De prostituee wekt hem uit zijn nachtmerrie en legt de verborgen betekenis uit van de lijnen op zijn hand, terwijl Stephen een lezing geeft over de apocalyps. Vreemde visioenen overmeesteren de twee mannen: Bloom ziet zijn grootvader met een macintosh en Stephen ziet zijn dode moeder die hem smeekt berouw te tonen. Schreeuwend *"Non serviam"* ("Ik zal niet dienen", een van de spreuken van Satan) begint de professor alles in het etablissement kapot te maken voordat hij vlucht. Bloom betaalt de schade. Stephen wordt met geweld aangevallen door Britse soldaten en zakt midden op straat in elkaar, voordat Bloom zich over hem ontfermt. Deze heeft dan een laatste visioen van zijn dode zoon.

Bloom neemt zijn vriend mee naar het onderkomen van de taxichauffeur, een etablissement van Skin-the-Goat Fitzharris (Eumaeus), van wie we denken dat hij een voormalige terrorist is. Na enkele discussies over het bestaan van God laat hij Stephen een foto van zijn vrouw zien en nodigt hem uit voor een kop chocolademelk bij hem thuis. Zo drinken ze om 2 uur 's nachts hun warme chocolademelk en bespreken verschillende onderwerpen, zoals Ierland, Israël of hun wederzijdse vrienden. Leopold biedt hem voor de nacht onderdak aan, maar Stephen weigert. Ze eindigen hun gesprek in de tuin, kijkend naar het verlichte raam van Molly's slaapkamer, waarna Bloom Stephen vergezelt naar de straat en de twee vrienden uiteindelijk uit elkaar gaan.

Nu hij alleen is, denkt Bloom na over Molly's ontrouw, maar blijft in ontkenning door haar niet ter verantwoording te roepen, ondanks het feit dat hij weet dat ze ontrouw is. Hij gaat naar bed, naast zijn vrouw liggen, die hem naar zijn dag vraagt. Hij is moe en valt uiteindelijk in slaap. Molly, nog steeds erg wakker, verliest zich in haar gedachten en begint een zeer obscene monoloog waarin ze zichzelf lijkt voor te stellen als vruchtbare grond. Ze lacht om mannen, om hun perverse verlangens en om haar minnaars. Ze laat een golf urine in haar kamerpot lopen, die haar woordenstroom weergeeft, en beseft dat ze menstrueert: een nieuwe cyclus begint. Ze denkt opnieuw aan het huwelijksaanzoek van Bloom en het "ja" dat ze hem gaf: een "ja" tegen het leven, tegen het hele universum waaraan ze zich moet overgeven.

# KARAKTERSTUDIE

In *Ulysses* vinden we verspreid over de straten van Dublin vele personages die vooral Leopold en Stephen in staat stellen zich te ontwikkelen. Daarom hebben wij ervoor gekozen ons te concentreren op de belangrijkste personen die aan deze evolutie bijdragen. Een opmerking over de man in de macintosh is ook opgenomen, omdat dit personage veel vragen oproept in de kritiek of commentaren op het werk van Joyce. We vonden het daarom belangrijk om aandacht te besteden aan zijn eigenschappen.

## STEPHEN DEDALUS (TELEMACHUS)

Stephen Dedalus lijkt het evenbeeld van de auteur, wiens volledige beschrijving wordt in een eerdere roman van James Joyce, *A Portrait of the Artist as a Young Man*. Na een jezuïetenopleiding begint de hoofdpersoon steeds meer religie te verwerpen en verandert hij van rooms-katholiek in agnost. Terwijl hij in Parijs medicijnen zou blijven studeren, vernemen we aan het begin van *Ulysses* dat hij terugkeert naar Dublin vanwege zijn stervende moeder. Zijn verzet tegen het katholicisme leidt ertoe dat hij weigert aan haar bed te bidden. Deze gebeurtenis achtervolgt hem later, want moederliefde is een van zijn belangrijkste waarden. Hij droomt ervan een groot schrijver te worden, maar voelt dat hij zijn kans heeft gemist en overleeft dankzij zijn baan als leraar op een particuliere school onder leiding van Mr Deasy.

Fysiek weten we dat hij iel en bijziend is. Anderzijds heeft hij talent voor muziek en een uitstekende stem – een talent dat Joyce zelf ook had. Stephen gedraagt zich altijd ongepast tegenover andere mensen: hij houdt niet van groepen, slaagt er niet in zich te integreren in de verschillende omgevingen waarin hij zich ontwikkelt en accepteert geen enkel deel van zijn opvoeding. Hij wordt altijd geplaagd door besluiteloosheid, verlangen en spijt, heeft geen vertrouwen in zichzelf, stelt zichzelf teleur en lijdt aan eenzaamheid. Hij is ook een rustige, goed opgeleide persoon die goed kan debatteren en een scherp gevoel van medeleven heeft – vooral met zijn minder getalenteerde leerlingen. In tegenstelling tot Bloom heeft hij geen bijzonder sterke seksdrift, hoewel hij wel nadenkt over vrouwelijk naakt. Hij wordt het liefst omringd door sterke mannelijke personages, zoals Buck Mulligan.

Hoewel Stephen aan het begin van het verhaal een achterdochtig, arrogant en abrupt personage lijkt, dat alleen aandacht heeft voor ideeën en op elk gebied uitmuntendheid nastreeft, wordt hij na zijn mislukking in Parijs en vooral dankzij de ontmoeting met Bloom steeds menselijker. Naast hem begrijpt hij dat intellect niets is als je het niet deelt en dat de zin van het leven ligt in je relaties met andere mensen. Leopold stelt hem in staat zijn te grote ego kwijt te raken en terug te keren naar een eenvoudig leven.

Zijn naam verwijst naar de architect in de mythe van de Minotaurus. Daedalus ontwierp het labyrint in opdracht van Minos, met de bedoeling het monster erin op te sluiten. In *Ulysses* voelt Stephen Dedalus zich de gevangene van een ander labyrint: dat van Dublin, dat hij haat vanwege de mensen die er stagneren, dronken zijn en niet in zich te bevrijden van de Engelse overheersing.

De eerste drie hoofdstukken, 'The Telemachiad', concentreren zich op deze hoofdpersoon. Stephen staat voor ontsnapping, zowel uit de stad als uit zijn eigen stagnatie en onzekerheid. Hij speelt de rol van Telemachus, de zoon van Odysseus in de versie van Homerus: jonger dan Leopold Bloom (Odysseus), ziet hij hem als een vaderfiguur, ter compensatie van de afwezigheid van zijn biologische vader. De toren waarin hij woont staat voor Ithaka, en zijn twee rivalen, Buck en Haines, symboliseren de vrijers van Penelope. Net zoals het Ulysses tijd kost om zijn koninkrijk terug te winnen en zijn zoon te vinden, moet de lezer verschillende hoofdstukken wachten voordat Stephen en Leopold elkaar ontmoeten en een echte aangaan in de dronken steegjes van Dublin.

## LEOPOLD BLOOM (ULYSSES)

Het personage Leopold Bloom verschijnt in het tweede deel van de roman, "De Odyssee", en is de moderne incarnatie van Odysseus. Geboren in 1866, is hij het enige kind van Ellen Higgins, een Ierse protestante, en Rudolph Virag, een Jood van Hongaarse afkomst die zich bekeerde tot het protestantisme. Hij is neurasthenisch (lijdt aan geestelijke en lichamelijke zwakte), en zijn vader pleegt uiteindelijk zelfmoord met vergif. Na de dood van zijn vader besluit Leopold zich tot het katholicisme te bekeren, zodat hij in 1888 kan trouwen met Marion Tweedy (Molly), een zangeres die voortdurend door heel Ierland toert en minnaars verzamelt – waaronder de knappe zanger Boylan. Uit het huwelijk van Molly en Leopold worden twee kinderen geboren: Millicent (1889), bijgenaamd Milly, die 15 is en bij een fotograaf werkt, en Rudy (1893), die slechts 11 dagen leefde. Om in de behoeften van zijn gezin te voorzien, werkt Leopold als reclameagent voor de *Evening Telegraph*.

Bloom wordt beschreven als een eenvoudige man uit de middenklasse met een discreet karakter (als hij niet onder invloed van alcohol is). Hij is welwillend, tolerant en zeer verliefd op zijn vrouw, met wie hij echter geen seksuele betrekkingen meer onderhoudt. Deze situatie leidt ertoe dat hij gedurende de hele roman vele driften voelt, zonder ooit tot de daad over te gaan – anders dan in zijn eentje.

Zijn personage lijkt bijna een Christusfiguur door zijn vele daden van vriendelijkheid: hij helpt een vriend – zonder het te bedoelen – aan een aanzienlijk geldbedrag bij de paardenrennen, schiet een blinde te hulp, voedt dieren, bezoekt zieken, woont een begrafenis bij, enz. Paradoxaal genoeg krijgt hij ook een komische kant door zijn onhandigheid, zijn gekke ideeën (bijvoorbeeld nagaan of oude beelden openingen hebben), zijn fouten tijdens de katholieke ritus, enz. Er is ook zijn gehechtheid aan uitwerpselen: veel passages eindigen met zijn scheten, plassen of denken aan het geluid van Molly op de kamerpot.

## MALACHI MULLIGAN, BEKEND ALS "BUCK" (ANTINOUS)

Malachi Mulligan, een medisch student, deelt de slaapkamer van Stephen Dedalus in de Martello-toren. Dit majestueuze, maar mollige personage heeft een diep cynische persoonlijkheid en beschrijft zichzelf als een vrijdenker, waardoor hij voortdurend kan blasfemeren. Hij houdt er ook van om citaten uit gedichten, zoals die van Algernon Swinburne (Engels dichter, 1837-1909) en Walt Whitman (Amerikaans dichter, 1819-1892), of fragmenten uit populaire liedjes in zijn toespraak te verwerken. Hij is nogal joviaal, luchthartig en heeft niet veel zorgen; en is als extravert het complete tegenovergestelde van het gesloten karakter van Stephen. Hij heeft een passie voor de oudheid en voor de filosofie van Nietzsche (Duits filosoof, 1844-1900), en zijn droom is om Ierland te helleniseren (de cultuur dichter bij het oude Griekenland te brengen). Het permanent tentoonstellen van deze cultuur toont Buck's trots, die ons doet denken aan dezelfde eigenschap als die van Penelope's belangrijkste huwelijkskandidaat, Antinous.

Mulligan, die een vorm van bestialiteit vertegenwoordigt, wordt echter door alle andere personages in de roman aardig gevonden, behalve door Stephen. Deze laatste, hoewel hij met Mulligan samenwoont en hem elke dag ziet, vindt hem een bruut en veroordeelt zijn gedrag en zijn overtuigingen. Toch heeft Mulligan al verschillende mensen van de verdrinkingsdood gered en behandelt Stephen royaal door hem kleren aan te bieden.

Toen Joyce Buck creëerde, werd hij geïnspireerd door een van zijn leeftijdgenoten met wie hij een slaapzaal had gedeeld op het internaat van Clongowes Wood College: Oliver Sint-John Gogarty (1878-1957), die ook romanschrijver en dichter was. De twee jongens hadden vaak ruzie, net als Stephen en Buck, en Gogarty hield zich bovendien niet in om *Ulysses te* bekritiseren nadat het was gepubliceerd.

# MARION TWEEDY (PENELOPE)

Beter bekend onder haar bijnaam Molly, is Marion Tweedy de vrouw van Leopold Bloom. Zij vertegenwoordigt Penelope. Molly gedraagt zich echter niet als de liefhebbende echtgenote, die geduldig wacht op de terugkeer van haar man. Hier zijn hun rollen omgekeerd: wanneer Leopold door de straten van Dublin zwerft, is dat omdat hij wacht op de terugkeer van zijn vrouw. Molly is een bekende zangeres en voortdurend op tournee met anderen uit het vak; zij blijkt haar man ontrouw en geeft de voorkeur aan een zekere Blazes Boylan, een zanger die als Adonis wordt omschreven.

Het personage van Molly is beroemd gebleven door de 18th episode van de roman: de monoloog, zonder interpunctie, die zij in een soort zucht voordraagt, dicht bij een orgasme, en waarmee het verhaal eindigt. Zij wordt voorgesteld als veel sensueler en lichamelijker dan zowel Leopold als Stephen, die zich meer in de intellectuele sfeer bewegen. Tijdens de monoloog accepteert Molly uiteindelijk Leopold in haar bed – net zoals Odysseus, na hereniging met Penelope, werd teruggebracht naar zijn dierbare Ithaka – en beschrijft het moment van hun ontmoeting in een verhaal dat periodiek wordt onderbroken door het woord "ja", waarmee ze zinspeelt op het plezier dat ze voelt bij de hereniging met haar man.

Bij het creëren van dit personage liet Joyce zich inspireren door zijn vrouw, Nora Barnacle. Bovendien valt de begindatum van het verhaal, 16 juni 1904, samen met de eerste date van de schrijver met zijn vrouw.

# DE MAN IN DE MACINTOSH

Dit naamloze personage verschijnt slechts twee keer in de roman: eerst tijdens de begrafenis en vervolgens onder de gedaante van de grootvader van Leopold Bloom. Niemand heeft deze persoon ooit eerder gezien en ze zijn zich allemaal niet bewust van de reden van zijn aanwezigheid. Wanneer Bloom hem opmerkt, vindt hij dat hij op een duivel lijkt.

Sommige critici menen dat we in Ulysses Leopold Bloom in zekere zin zouden kunnen zien als Jezus, Stefanus als de Heilige Geest, en de man in de macintosh als God zelf. Zijn lange jas, die zijn hele lichaam bedekt, toont alleen het gezicht van God. Zijn eerste verschijning op het kerkhof lijkt logisch, want hij zou gekomen zijn om de ziel van de overledene te vinden. Bloom, die zich afvraagt wie deze "M'Intosh" is, stelt zo de vraag van de hele mensheid: "Wie is God?

Zijn jas die hem verbergt en zijn onverwachte en onopvallende verschijningen doen denken aan de terugtrekking van God uit zijn schepping: hij is zowel aanwezig als afwezig. Als Leopold Bloom van bar naar bar zwerft en in het bordeel van Bella Cohen belandt, verschijnt Lipoti Virag, zijn grootvader, aan hem als geest en draagt hij dezelfde macintosh: hoewel het niet dezelfde man van het kerkhof is, personifieert hij opnieuw God zelf. We zien een andere macintosh op een personage uit de 19 schetsen van het dagelijks leven, Cashel Boyle O'Connor Fitzmaurice Tisdall Farrell. Opnieuw is het niet dezelfde man, maar het feit dat deze jas op verschillende personages terugkomt, toont Gods alomtegenwoordigheid; hij is verspreid onder de menigte.

# ANALYSE

Joyce geeft Ierland door de omzwervingen van Bloom een mythisch karakter. Het dagelijks leven bevat een soort mythologie die iedereen kan waarnemen. Achter elk voorwerp en elke ontmoeting schuilt een verborgen betekenis. Stervelingen kunnen alleen maar proberen te ontcijferen wat hen omringt, om zichzelf te leren kennen en de wereld te begrijpen. Het ronddolen in Dublin vertegenwoordigt dat van iedere mens die zichzelf probeert te vinden in de maatschappij.

Elke aflevering komt overeen met een nieuwe intrede van het mythische, het organische en het religieuze of spirituele in het dagelijkse leven.

## TOESPELINGEN OP HOMERUS' ODYSSEE

Ten eerste legt de titel van *Ulysses* een direct verband tussen het Homerische epos en het werk van Joyce. Terwijl in het verhaal van Homerus de reis centraal staat, heeft in het verhaal van Joyce het zwerven een intrinsieke waarde en wordt het gekoppeld aan het zoeken naar een vaderfiguur. Stephen (Telemachus) is op zoek naar een echte vaderfiguur, buiten die van zijn biologische vader – laten we niet vergeten dat dit personage ook de literaire dubbelganger is van Joyce, die niet op goede voet stond met zijn eigen alcoholische vader, die zich nauwelijks om zijn gezin bekommerde. De structuur van de roman herinnert ook aan de drieledige structuur van Homerus' *Odyssee*.

In het Griekse verhaal is dit deel gewijd aan de figuur van Telemachus. Het verhaal begint wanneer zijn vader, Odysseus, al 20 jaar vermist is en zijn moeder, Penelope, het beu is huwelijksaanzoeken af te wijzen van de talrijke vrijers die hun intrek hebben genomen in het paleis. Op advies van de godin Athena verlaat Telemachus Ithaka om op zoek te gaan naar Odysseus. Tijdens deze tocht ontmoet koning Nestor en gaat vervolgens naar Menelaos in Sparta.

Terwijl de Telemachiad in de versie van Homerus vier verzen bevat, bestaat hij in de versie van Joyce uit drie episoden:

- Buck Mulligan en Haines worden vanaf het begin van de roman in een negatief daglicht en zijn een directe verwijzing naar twee van Penelope's vrijers. Buck staat voor de gewelddadige, trotse en brutale Antinous, terwijl Haines staat voor Eurymachus, die een flirt en manipulator blijkt te zijn. Ook de manier waarop eerstgenoemde de onlangs overleden moeder van Stefanus verdedigt lijkt verdacht, omdat het nauwelijks strookt met zijn gebruikelijke gedachten. De laatste lijkt ook dubieus, maar deze keer met betrekking tot zijn moederland: welke Ier zou immers geen hekel hebben aan een Engelse indringer die onophoudelijk de geschiedenis, folklore en samenleving van Ierland verheerlijkt terwijl Engeland er alles aan doet om die te verbieden? De melk die de oude vrouw brengt, duidt op zijn aanstaande vertrek; zij symboliseert Athena die Telemachus aanspoort zijn reis te beginnen.

- Als hij de toren verlaat, heeft Stephen (Telemachus) een ontmoeting met Mr Deasy, de dubbelganger van Nestor.

- Als Stephen zich vervolgens in gedachten verliest op het strand van Sandymount, stelt hij zich voor dat hij met zijn oom, Richie Goulding, een verwijzing naar Menelaos, ruzie maakt over zijn situatie en die van de wereld.

## Deel twee: "De Odyssee

Vanaf de vierde episode staat het leven van Leopold Bloom op de voorgrond en betreden we dus de reis van Odysseus. Dit deel komt overeen met tien jaar zwerven van de Griekse held van de stad Troje naar zijn vaderland Ithaka. In het werk van Homerus neemt het verhaal van deze avonturen 16 verzen in beslag, terwijl het in het werk van Joyce uit 12 episodes bestaat.

- Er wordt een vergelijking gemaakt tussen Molly, de ontrouwe echtgenote, en het schilderij van een nimf dat boven het bed van het echtpaar Bloom hangt. Deze vergelijking doet denken aan Calypso, de nimf die verliefd was op Odysseus. Zoals zij Odysseus gevangen houdt om met hem te trouwen, zo houdt Molly Bloom gevangen in zijn eigen wensen en verlangens, door hem voortdurend alleen te laten in Dublin.

- Als Leopold naar de mis gaat, wordt hij omringd door mensen die hun zorgen en hun rebellie tegen hun eigen bestaan als ze ter communie gaan en de hostie – net als de kracht van de lotusbloemen op de metgezellen van Odysseus.

- De begrafenisscène is gekoppeld aan de goddelijke vermogens van Tiresias. In de *Odyssee kan* dit personage doden oproepen. Zo laat hij Odysseus praten met de bewoners van de hel. Wat Joyce betreft, is de aanwezigheid van de man in de macintosh verbonden met het leven na de dood.

- Het bezoek aan de plaatselijke krant verwijst rechtstreeks naar de episode met Aeolus, de windwachter, die Odysseus een geitenvelzak geeft om hem veilig terug te brengen naar Ithaka. De metgezellen van de held zijn ervan overtuigd dat de zak een schat bevat en scheuren hem open. Aeolus, woedend, weigert hen tweemaal te helpen. In het werk van Joyce wordt de bewaarder vertegenwoordigd door Myles Crawford, het hoofd van de krant die, hoewel aanvankelijk aangenaam tegenover Bloom, zich plotseling zonder duidelijke reden tegen hem keert, zoals een zijwind.

- Het restaurant Burton vertegenwoordigt de woonplaats van de Laestrygonians. De kannibalistische reuzen van Homerus behoren tot de klanten van het restaurant, die Bloom doen walgen van hun enorme monden die onophoudelijk diverse etenswaren naar binnen werken.

- Het proefschrift over Shakespeare, dat Stephen verdedigt in de nationale bibliotheek en waarnaar een verstrooide Bloom luistert, doet denken aan de episode van Charybdis en Scylla, twee zeemonsters. Zo legt Stephen uit dat de Engelse schrijver twee kanten had: aan de ene kant stelde hij zichzelf in een gunstig daglicht en leek hij een aangename heer als hij in Londen was; aan de andere kant kon hij nooit echt gelukkig zijn, omdat hij nog steeds verwoest was door zijn familierampen.

- De Sirenen zijn aanwezig in de vorm van de serveersters met scherpe tongen in het restaurant van hotel Ormond. De burger, bekrompen, nationalistisch, traag en ongemakkelijk, vertegenwoordigt de cycloop Polyphemus die Odysseus verblindt.

- De erotische episode tussen Bloom en Gerty MacDowell herinnert aan Odysseus' redding door Nausicaa nadat hij schipbreuk heeft geleden.

- Bella Cohen, de bordeelhoudster, is niemand minder dan de tovenares Circe. Wanneer ze haar en de andere prostituees ontmoeten, krijgen Leopold en Stephen onzedelijke ideeën, die doen denken aan de verandering van Odysseus' metgezellen in varkens. De verschillende stemmen en muziekfragmenten die ze horen overspoelen de mannen, die het contact met de werkelijkheid verliezen en gegrepen worden door gruwelijke hallucinaties.

## Deel drie: "De Nostos

Ten slotte herinneren de drie laatste episodes van de roman aan de uiteindelijke terugkeer van Odysseus naar Ithaka.

- Het eerste deel betreft de hereniging van Odysseus en Telemachus, die zijn vader nog niet heeft herkend omdat hij vermomd is als Eumaeus, zijn varkenshoeder. In Joyce's versie neemt Bloom, die Stephen niet alleen en verloren wil achterlaten, hem onder zijn hoede en leidt hem naar de schuilplaats van de taxichauffeur, eigendom van James Fitzharris, die Eumaeus vertegenwoordigt.

- Eenmaal thuis denkt Bloom aan Molly's minnaars. Dit weerhoudt hem er echter niet van van zijn vrouw te houden en aan haar zijde te blijven. Zoals Odysseus besloot zijn paleis te ontdoen van alle vrijers van Penelope, zo past Bloom mentaal dezelfde tactiek toe door de lijst met veroveringen van zijn vrouw terzijde te schuiven.

- De monoloog van Molly sluit het epos af: net als Penelope laat zij haar minnaars links liggen ten gunste van haar man, Leopold. Ze weigert hetzelfde monotone en respectloze verhaal tegenover de arme man te volgen, en zegt 'ja' tegen het leven. Deze toespraak kan ook in verband worden gebracht met Athena's verdediging van Odysseus tegenover zijn volk, dat niet begrijpt waarom hij zoveel mensen (Penelope's verachtelijke vrijers) heeft gedood.

## EEN ALGEMENE EN ORGANISCHE COLLECTIE

Joyce is in een voortdurende literaire zoektocht: hij wil koste wat kost vernieuwen. *Ulysses* is voor hem een manier om te laten zien dat, aangezien de situatie in Dublin – die hij in zijn eerste roman *Dubliners* (1914) bekritiseert – geen inhoudelijke vernieuwing toelaat, hij de nieuwigheid elders moet zoeken. Er is dus geen overkoepelend kenmerk van deze roman, maar een polymorfe *krachttoer* van schrijven: elke episode is gemaakt in de stijl van een bepaald genre. De lezer gaat dus van de 'peristaltische' techniek naar monoloog, dialectiek of nog iets anders.

 **GOED OM TE WETEN.**

Het adjectief "peristaltisch" betekent in de eerste plaats de voortgang van het voedsel tijdens de spijsvertering, van de opname tot de aankomst in het rectum. Om volledig verteerd te worden, beweegt het voedsel met behulp van spiercontracties. Als afspiegeling van dit proces heeft Joyce een organische schrijfstijl die van samentrekking naar ontspanning gaat.

Zo bootsen de bewegingen, gedachten en woorden van Leopold Bloom, in de episode die zich voornamelijk afspeelt in de bar van Davy om 13.00 uur, het gedrag van zijn slokdarm na: hij loopt, heeft honger, wordt aangetrokken door de geuren van de keuken en wordt, bij het passeren van meisjes, ook geprikkeld door erotische impulsen die zijn zintuigen prikkelen. De samentrekkingen van zijn maag nemen toe omdat hij niet in staat is geweest zijn eetlust te stillen of een glas wijn te drinken. Als hij dit heeft gedaan en voldaan is, vertrekt hij om te plassen en gaat hij zijn erotische impulsen bevredigen door het museum te bezoeken om de aan- of afwezigheid van een anus op Griekse beelden te verifiëren.

De bron van het experiment is dus het genre. Joyce stelde zich ten doel een gedaanteveranderend werk te publiceren dat een roman wordt genoemd en de allure van een roman heeft, maar waarvan de verschillende delen zijn opgebouwd met een zo gevarieerde vertelstructuur dat het werk niet in zijn geheel als roman kan worden omschreven. Zo legt Joyce in zijn stilistische zoektocht de nadruk op parodie, door het Homerische epos te nemen en het te plaatsen in een context van tavernes en andere vulgariteiten. Zo gebruikt hij verschillende narratieve processen:

- Klassieke vertelling, met name aanwezig in de eerste drie afleveringen die verband houden met Stephen ("Statige, mollige Buck Mulligan kwam van het trappenhuis, met een kom schuim waarop een spiegel en een scheermes gekruist lagen", p. 9);

- De theatrale antwoorden gaan vergezeld van regieaanwijzingen. We vinden ze bijvoorbeeld in de episode gewijd aan de hallucinaties van Bloom en Stephen in de straten van Dublin:

> "Zing iets voor ons. Love's old sweet song.
>
> Geen stem. Ik ben een zeer afgewerkt artiest. Lynch, heb ik je de brief over de luit laten zien?
>
> De vogel die kan zingen en niet wil zingen." (p. 761)

- De poëzie in proza, zoals geïllustreerd door Molly's monoloog ("O die vreselijke diepe stortvloed O en de zee de zee karmozijnrood soms als vuur", p. 1156);

- De journalistieke schrijfwijze, die bijna een nieuwsbericht is, van de 19 schetsen;

- Enz.

Niets is uniform en elke aflevering heeft zijn eigen genre en stijl.

Deze stilistische veranderingen volgen uit de wens om een bepaald orgaan van het menselijk lichaam centraal te stellen. Hoewel 'The Telemachiad' dat niet heeft (aangezien Stephen nog steeds op zoek is naar zintuiglijke ervaringen), zijn de volgende episodes allemaal verbonden met een ander orgaan:

- De masturbatiescène in de toiletten en het direct tonen van genitaliën.

- Gerty laat zien wat er onder haar rok zit aan Bloom, wat de dominantie van ogen en zicht aangeeft. De meeste van Leopolds opwindingen komen van dit zintuig.

- De bijeenkomst in de kantoren van de krant die zuchten, uitademen en pitten uitspugen, activiteiten die te maken hebben met de longen.

- De absolute rationalisatie van Shakespeare's teksten die Stephen laat zien, gebruikt het kostbare intellect van de hersenen.

- Oren en gehoor worden gebruikt in de muzikale scènes in het Ormond hotel.

- De schetsen in het vierde deel, die opbouwen naar een climax, ontwikkelen mevrouw Purefoy's stadia van de bevalling en verwijzen daarom naar de baarmoeder.

- Enz.

## INTERTEKSTUALITEIT

Deze verscheidenheid aan geschriften, die alle genres en alle organen bestrijken en vele auteurs aanhalen, zoals John Milton (Engels dichter, 1608-1674), Charles Dickens (Engels romanschrijver, 1812-1870) of Laurence Sterne (Iers roman- schrijver, 1713 -1768), toont ook een verband tussen de geschriften van de bijna blinde Joyce en de visueel gehandi- capte Jorge Luis Borges (1899-1986). Op basis van zijn lezing van onder meer Joyce en een gemeenschappelijke verteltech- niek pleit de Argentijnse auteur voor een onbeperkte citeer- praktijk. En inderdaad, door de naam te nemen van de van de Griekse oudheid, beroemd geworden door de Homerische vertelling, stort Joyce zich onmiddellijk in dit onbeperkte cite- ren, dat van een mythe, dat van de personages die zijn ver- beelding en gemeenschappelijk cultureel erfgoed bevolken, dat volgens hem zijn wortels heeft in de oudheid.

Maar de Ier gaat veel verder dan de theorieën die Borges enkele decennia later ontwikkelde. Terwijl in het werk van laatstgenoemde de citaten duidelijk worden aangegeven, met name door de aanwezigheid van aanhalingstekens, integreert Joyce ze volledig in zijn tekst, zonder leestekens die zouden wijzen op een ontlening aan een andere auteur. Hij wil inderdaad dat zijn verhaal door het proces van intertekstualiteit neigt naar dezelfde universaliteit als die van de mythen, die van elk constituerend verhaal van de menselijke cultuur. Zijn tekst is gemaakt door een schrijver – James Joyce – maar door de verwijzingen naar belangrijke onderdelen van het literaire en culturele erfgoed dat de mensheid deelt, wil hij universeel zijn.

De auteur van *Ulysses* put dus inspiratie uit zijn culturele bagage, zijn eigen interne "bibliotheek", waarin al zijn lectuur van artikelen, essays en diverse romans is samengebracht. Uit deze referenties creëert Joyce een tekst die een bredere vorm heeft dan de oude literaire kennis. Hij plukt, al dan niet bewust, kenmerken van personages die door andere schrijvers zijn bedacht en laat zich tot iets nieuws inspireren door mythen of door een zin uit een gelezen boek.

 ## WIST JE DAT?

Deze zoektocht naar nieuwheid door het opnieuw investeren van universaliteit wordt verder uitgediept in zijn volgende boek, *Finnegans Wake, waarin* Joyce de universaliteit van taal, van leven en van boeken nastreeft. In feite heeft elke term drie mogelijke en tegelijkertijd aanwezige betekenissen. Zo verwijst het woord "sinds" naar de begrippen tijd, zonde en zintuigen tegelijk.

# EPIFANIEËN

Via een bijzonder stilistisch procédé dat hij zelf heeft bedacht, laat Joyce zijn lezers zien dat een schijnbaar onbeduidend feit een episode kan onthullen die spiritueel of specifiek is voor een personage. Hij noemt deze verteltechniek "epifanie".

 **GOED OM TE WETEN.**

De term "epifanie" heeft verschillende betekenissen:

- In de Griekse oudheid betekent het een godheid die aan stervelingen verschijnt. Zijn pracht en praal veroorzaakt vaak de dood of blindheid van zijn toeschouwers.

- In de Romeinse oudheid markeert het einde van de cyclus van de winterzonnewende. Het is de langste nacht van het jaar en vertegenwoordigt de overwinning van het licht op de duisternis.

- In het christendom is Driekoningen een feest ter herdenking van de geboorte van Christus en het bezoek van de drie wijzen. Deze openbaring van de komst van de Messias markeert het einde van een geestelijk somber seizoen, vervangen door een periode die verlicht wordt door het Goddelijk Woord.

- Bij uitbreiding kan het woord verwijzen naar een verbluffende openbaring van de diepte van iets.

Om de verborgen betekenissen van het dagelijks leven te laten zien, gebruikt hij vaak ellipsen. De aarzeling en het non-chalante karakter van de tekst vertellen de lezer dat er iets anders aan de hand is achter het onbeduidende uiterlijk van de woorden.

Zoals het wezen van Jezus slechts aan sommigen wordt geopenbaard, zo geven de voorwerpen en de wereld hun ware betekenis slechts prijs in kleine sporen die wij moeten onderscheiden. De epifanieën van Joyce zijn weliswaar geen religieuze gebeurtenissen, maar ze komen voort uit hetzelfde concept van openbaring: ze verlichten het dagelijks leven in zijn voortdurende verlies aan betekenis.

Deze gevoeligheid verschijnt in dialogen zonder veel gevolgen voor de actie: "Een van de kenmerken van epifanieën is dat ze bestaan uit volledig banale, vaak onderbroken, zinnen. Deze onderbroken zinnen hebben geen volledige betekenis en zorgen dus voor een onzin-effect" (Cassini, 2010). Epifanieën kunnen ook voorkomen in het taalgebruik, de houding of de handelingen van de personages, zonder dat zij dit beseffen. De verborgen betekenis wordt dan alleen door de lezer waargenomen.

Deze openbaring, soms waargenomen door het Joyceaanse personage, soms alleen gevoeld door de lezer, staat niet ver van de verschijnselen van manifestatie, zoals de beroemde madeleine van Proust in *Swann's Way* (1913) of de onregelmatigheid van enkele straatstenen in *The Past Recaptured* (1927), die de verteller in zijn herinneringen dompelt. Hij maakt zich plotseling los van de werkelijkheid om de kracht van objecten in zich op te nemen en toegang te krijgen tot andere betekenissen die hij anders niet zou hebben gezien.

Hoewel Joyce's epifanieën vooral in *A Portrait of the Artist as a Young Man* en *Dubliners* zijn ontstaan en ontwikkeld, zijn ze in *Ulysses terug te vinden* via scatologische verbanden die kunnen doorgaan voor pure grofheid of voor alledaagse details: denk bijvoorbeeld aan het geluid van Molly's urine die in haar kamerpot valt en de muziek in het hotel weerkaatst. De luide scheten van Bloom wanneer hij uit een taverne komt, impliceren op hun beurt een verband tussen natuurlijke elementen en mensen in het hele verhaal. Epifanieën in deze roman worden gepresenteerd door de geluiden die de personages voortbrengen. Voor Joyce, die in toenemende mate blind werd, zijn het niet de dingen die we zien die tellen, maar de geluiden die ons omringen – ongeacht hun aard.

Dit nieuwe concept van schrijven wordt nog meer opgevat doordat de auteur gedurende zijn hele leven de wereld waarneemt op de manier van Claude Monet (Franse schilder, 1840-1926) en zijn waterlelies, met steeds zeldzamere lichtstralen, terwijl zijn oogaandoening verslechtert. Toegegeven, dit systeem van openbaring door emoties die eigen zijn aan het onderwerp, dat een bepaald object beschouwt, wordt niet alleen door Joyce beoefend, maar hij was de schepper van het concept.

# VERDERE REFLECTIE

## ENKELE VRAGEN OM OVER NA TE DENKEN...

- Vergelijk de personages van Homerus, Odysseus en Telemachus, met de personages van Leopold Bloom en Stephen Dedalus. Wat zijn hun belangrijkste overeenkomsten en verschillen? Gebruik voorbeelden uit de tekst.

- Beschrijf de evolutie van Stephen Dedalus in *Ulysses*, waarbij u ook fragmenten uit *A Portrait of the Artist as a Young Man* beschouwt.

- Geef voorbeelden van andere bewerkingen van de mythe van Ulysses. Hoe behandelen de andere werken dit onderwerp?

- Hoe kan banaliteit worden versterkt? Onderbouw je antwoord met voorbeelden uit de tekst.

- Sommige critici beweren dat de episodes van deze roman kunnen worden vergeleken met de verschillende delen van een mis. Geef voorbeelden die deze theorie ondersteunen.

- Beschrijf de verschillende verteltechnieken die Joyce in de verschillende hoofdstukken van zijn werk gebruikt. Hebben ze invloed op de betekenis van de tekst?

- Uit welke elementen van de tekst blijkt dat Joyce fel gekant was tegen de Britse overheersing van Ierland?

- Beschrijf de overeenkomsten tussen *Ulysses* en het leven van Joyce.

- Welke verbanden zijn er tussen dit boek en de *Goddelijke Komedie* van Dante (Italiaanse schrijver, 1265-1321)?

- Welke rol speelt Stephen Dedalus' stelling over *Hamlet* in deze roman?

# VERDER LEZEN

## REFERENTIE-UITGAVE

Joyce, J. (2000) *Ulysses*. Londen: Penguin.

## REFERENTIESTUDIES

Cassini, D. (2010) The James Joyce Experience. *Oxymoron*. [Online]. Issue 0. [Accessed 14 August 2015]. Beschikbaar via: <http://revel.unice.fr/oxymoron/index.html?id=3070>

De Souza, E. M. (1998) La poétique de la cécité chez Borges. *Variaciones Borges*. Uitgave 6.

Joyce, J. (2000) *Finnegans Wake*. Londen: Penguin Classics.

Joyce, J. (2000) *Dubliners*. Londen: Penguin Classics.

Sobreira, R. (2013) Et soudain tout est devenu clair pour lui. La prise de conscience exprimée par l'épiphanie littéraire. *Revista Tabuleiro de Letras*. Nummer 7.

Tuduri, C. (2008) Une lecture de James Joyce. L'écriture, l'exil, l'alliance. *Études*. Vol. 409, p. 514.

*We horen graag van jou! Laat
een reactie achter op jouw online bibliotheek
en deel je favoriete boeken op social media!*

## Waarom kiezen voor Must Read?

Kom alles te weten over een boek met onze beknopte en diepgaande samenvattingen en analyses!

**Ontdek het beste uit de literatuur in een compleet nieuw licht!**

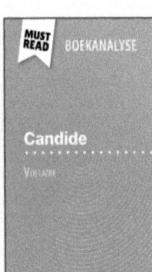

# www.50minutes.com

De uitgever garandeert de betrouwbaarheid van de gepubliceerde informatie, die echter niet onder zijn verantwoordelijkheid valt.

www.50minutes.com

Master ISBN: 9782808687911
Papier ISBN: 9782808699310
Wettelijk depot: D/2023/12603/1211

Omslag: © Primento

Digitaal ontwerp: Primento, de digitale partner van uitgevers.